# TACO
## 'BOUT
## YOUR VALUE

# TACO 'BOUT YOUR VALUE

**FUN!**

## TO FEED YOUR SELF-ESTEEM

DANIELLE BERNOCK
GIDEON BERNOCK

4F
Media

Character and Letter Creation: Gideon Bernock

Cover and Interior Design: Danielle Bernock

Graphic Artists: Gabs Wim, Ay Designs, and Manuel G

Font permissions: CODYSTAR SIL OPEN FONT LICENSE and Kingthings Whizzbang EULA

ISBN 978-0-9961033-7-4

4F Media "Faith Family Friends Freedom"

P.O. Box 183203, Shelby Township, MI 48317

First Printing 2023

Author website: https://www.daniellebernock.com

This book is all about fun and building you up on the inside. We hope the stories and activities will inspire conversations about your inherent value and what that means.

# Contents

# THIS BOOK BELONGS TO

Your name: _____

Trace these words:

I HAVE
VALUE
I MATTER
AND
I AM LOVED

# Meet Gary

Gary is a confident, outgoing taco who loves to make friends. He has a lot of friends and loves helping them see their value and be their wonderful, unique selves.

## Color Gary

# Some Of Gary's Friends

One of Gary's friends isn't good at spelling but Gary doesn't care and still loves them. Color Gary's friends.

# Gary's Friends Have Many Different Talents And Jobs.

Do you know what their talents or jobs are?
Label those you know, and color Gary's friends.

# Gary Has Friends Around The World

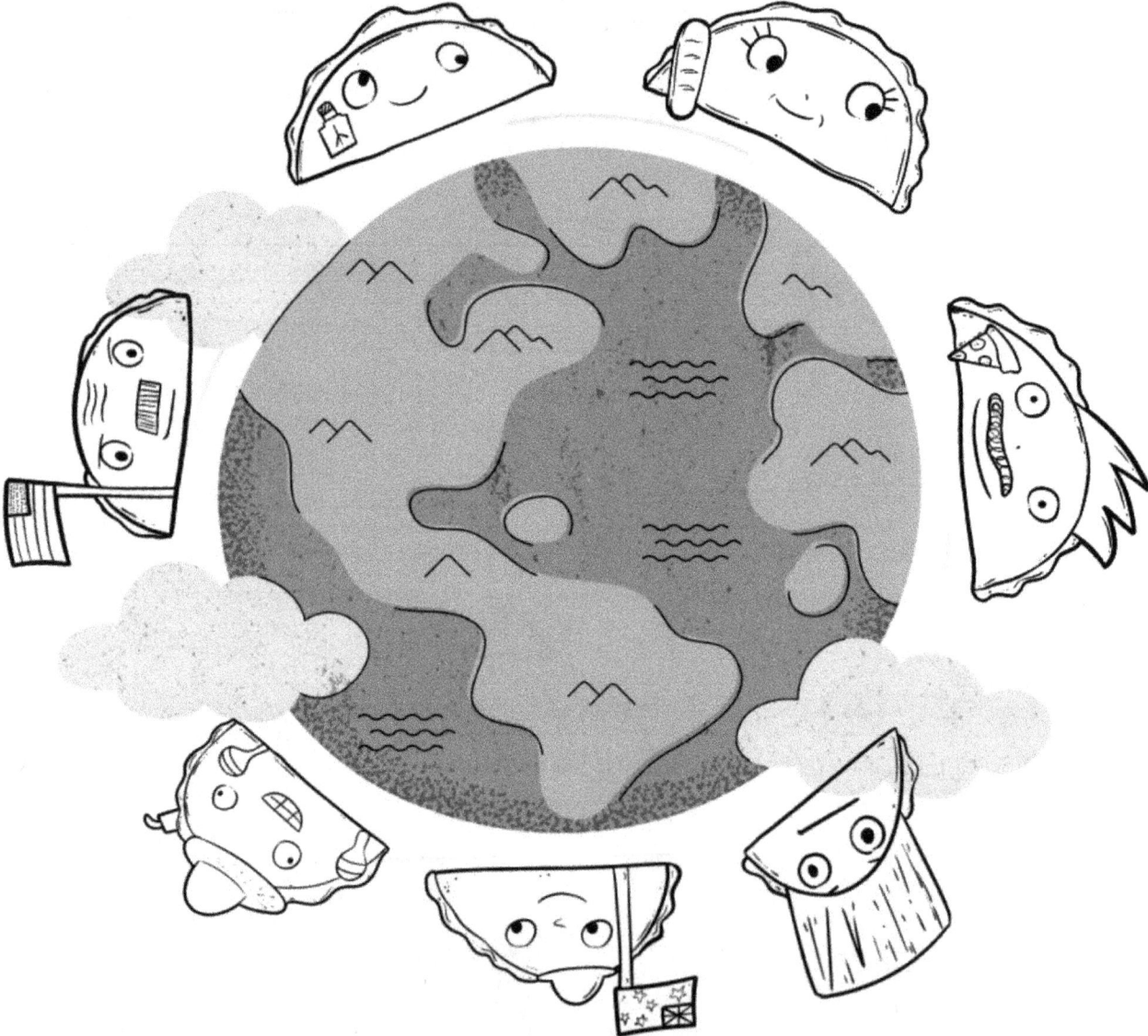

# Where do you live?
Draw a taco from YOUR country.

# When Gary Met Mr. Squibbles

Gary has a friend named Mr. Squibbles. He is a burritocat. When Mr. Squibbles and Gary first met, Mr. Squibbles had a problem with his self-esteem.

## Color Mr. Squibbles

When Mr. Squibbles first saw Gary, he felt small inside. He thought to himself, *"I'm not a taco. I don't have much value. Gary is better than me. Everyone loves tacos."*

Gary said *"Let's go play."* Mr. Squibbles hesitated.

Gary noticed the expression on Mr. Squibbles face and responded, *"What's the matter?"*

Mr. Squibbles didn't answer.

Gary wanted to be friends, so he asked again. *"What's the matter? Don't you want to play together? I like you."*

Mr Squibbles responded, *"You like me?"*

Gary said, *"Yes. Why are you surprised?"*

Mr. Squibbles replied, *"I'm not a taco. Burritos aren't as good as tacos. Why would you want to be my friend?"*

Gary replied, *"I know you're not a taco!* You don't have to be a taco. Tacos are great, but so are burritos. *And you're not just a burrito, but a burritocat. I've never met a burritocat before. You're unique and special."*

And that was the beginning of a delightful friendship.

# Gary & Some Friends Word Search

Find all the hidden words from the list below.

```
            M K Z
        H P O T W D Z S T
      J X J Y O U L P U G L R V
    H Y N M G I W L U D W J Y S K T G
    Y Y R S A S N F J S L A T E D B G D Z
  J Z X Y T R M H J J Z J A L K W O X I E H
  N W Y O J T I S C E G O K N V D N I O R L
P Y H U F G I Y M T O J C K J T Y V H Q F X V
  I L A E S F A E L G R E Y I O X W F P B O L X
Z Z T V X T A N R O E R A P H S A H K Y R N T B L
P Z P L R C R T G C F N C W I T F B E D E T R B X
B A U E G O A A Q A M Q Z O B J G X G W A B W P E
D B S B K C S T C P T I C K K P E U O J X D E D L A Y
F K S C A W N G O W A Z P D C B G R T I A S V G J E T
C U T A C O C A T F J N I N J A B U R R I T O X C K X
Z J R P S U T K J N U T O H M R J W Y K I W W J L
T N R U Q T G U B I K Y T X W Y R G O F C T W Z A
U H M C V H N F B N U F F A C R I O G B K E S Q Y
  I V P D D J M D P U G U M X A A M T T K X C C
  L N H F B N H B Z C W D A Z G N U C Z S S V D
    H H W U T K M F L V M R S Q U I B B L E S
    V I V C U P G Y Q V I G A V O C A D O N E
      F V R J P C A J Q P M R N K R E O A A
      R J H E T E K Z S T N J R T N N C
        G B Y V E G E T A B L E S
          M Q L L K M E T P
            Z L L
```

## Words List

| | | | |
|---|---|---|---|
| Gary | Mr Squibbles | Freckles | Martian Taco |
| Tacocat | Ninja Taco | Ninja Burrito | Hot Dog |
| Cupcake | Carrot | Pizza | Breadstick |
| Strawberry | Corn | Avocado | Vegetables |

# Meet And Color More Of Gary's Friends...

## Artist Taco

Artist Burrito

Dancing Taco

Police Taco

Doctor Taco

Mechanic Taco

Business Burrito

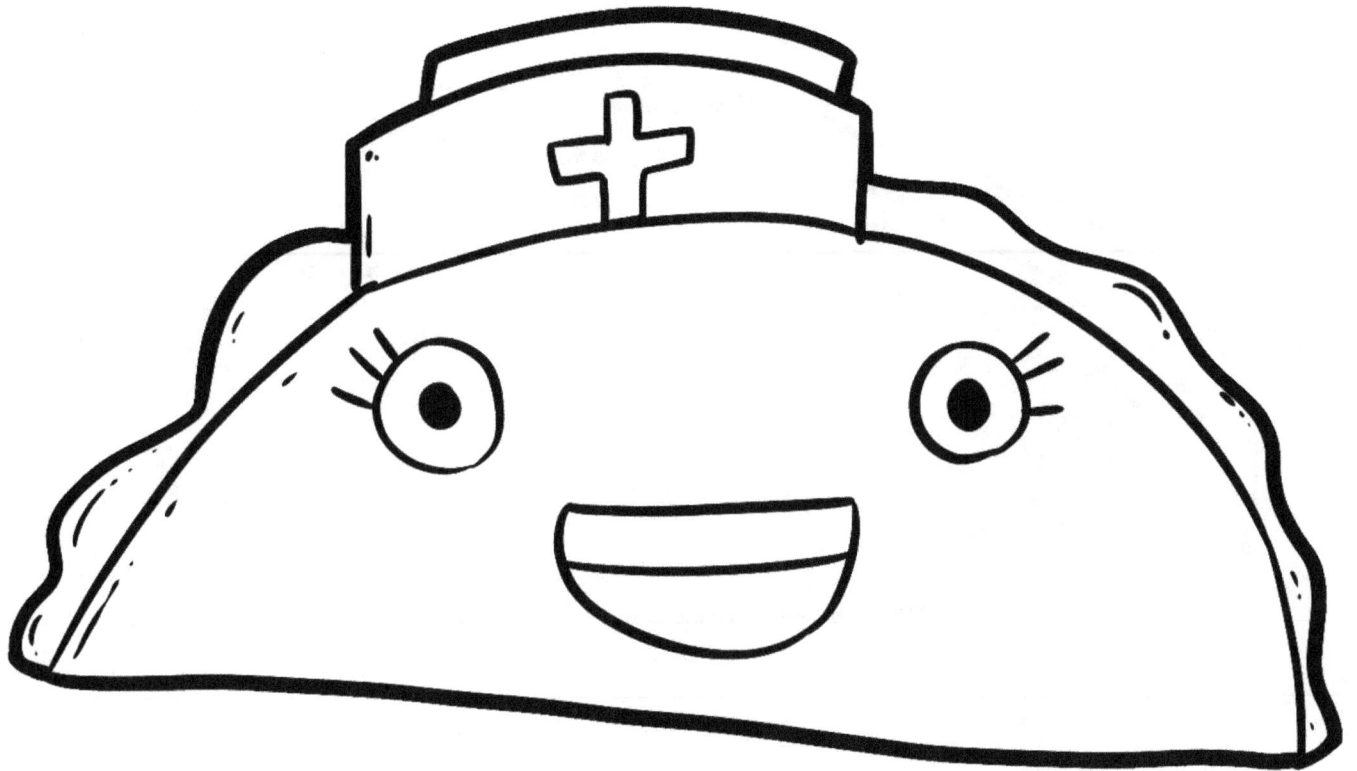

Nurse Taco

Pastor Taco

Silly Taco

Broken Taco

Ninja Taco

Tacocat

Ninja Burrito

# Draw A Taco Character

# Draw A Burrito Character

# Kinds Of Tacos Word Search

Find all the hidden words from the list below.

```
W T S K B P O T I T H J J C E V N B P B N A C Z P A U
C A N A D I A N S F G O O A G N F E M F J X M G N K I
T K X A X M J H L G C F C N E G F U F L M J R A D I Q
Y U Z E N A G X F A K Y R J R M E C H A N I C T A C O
X G J W Z Q L C T A B H B G M Y C U C B R I N N Y W T
L O U W Z B R N Y G T X A Y I J N Q U Z X Q Q O I Z A
H K B Y H B A D K A H P H F Z W A A G E D V P R A Q D
F O W W S I J N Y D B C P U F E I T M S B I C P T Q U
Y T O H T S H L H H R E T K U B S N Q B V T X O I S T
F U C R Q W H R E H O A L W J G S C B S D A U C L O T
V K A X S P C Z K V K Z U W U M U G H L T L N A W Z P
M M T O W Q M C R R E G O S U O R S B Z L I T T J S Z
Z H R T V T E T T P N B L P T E H G E B Y A I Y R P S
A B O H I R X T K H T E X U L R F P I M A N Z L O O M
J K T W D E M V J P A J R O P C A M I Y A S L L T L B
T B C G A Y P R K F C K N Q J X O L W C V T L I Z I F
Z U O F N V A C G W O Y D T K C W Z I B C V T S B C R
U H D M C B U S I N E S S T A C O R Q A X S D M R E F
X K M U I S V Q I J B U W T F R E N C H N E I W P T O
B V O Y N G S G D S K N E B X M P R Q M G Y C A P A L
A H Y Q G W W L S D B S V Y A K L A R T I S T T A C O
O O J R T H D Y W J R M U Q O V X N X Z V K I U U O Y
K K Q T A H E M I U N I N J A T A C O C A T G X L Z A
I O L Q C O V W N G K R K L M Q L Q K S Q D U V F Z R
P A S T O R T A C O V T O C A N B K U B J S P I T B Q
```

## Words List

| | | | |
|---|---|---|---|
| American | Artist Taco | Australian | Broken Taco |
| Business Taco | Canadian | Dancing Taco | Doctor Taco |
| French | Italian | Martian Taco | Mechanic Taco |
| Mexican | Ninja Taco | Nurse Taco | Pastor Taco |
| Police Taco | Russian | Silly Taco | Tacocat |

# Find The Words That Rhyme With Fun

Fill in the missing vowels.

B _ N    bread

D _ N _    over

N _ N _    nothing

_ N _    more than zero

P _ N    joke

R _ N    faster than walk

S _ N    boy child

S P _ N    went around fast

S T _ N    surprise

S _ N    lights the day

T _ N    heavy

W _ N    congratulations

# Color The Letters

BE YOURSELF

# Color The Letters

29

# Cryptogram Puzzle

| A | B | C | D | E | F | G | H | I | J | K | L | M | N | O | P | Q | R | S | T | U | V | W | X | Y | Z |
|---|---|---|---|---|---|---|---|---|---|---|---|---|---|---|---|---|---|---|---|---|---|---|---|---|---|
|   |   |   |   |   |   |   |   |   |   |   |   |   |   |   |   |   |   |   |   |   |   |   |   |   |   |

|   | E |   |   | Y |   |   |   | S | E |   |   |   |   | E |   | E |   | Y |   |   | E |
|---|---|---|---|---|---|---|---|---|---|---|---|---|---|---|---|---|---|---|---|---|---|
| O | R |   | L | B | H | E | F | R | Y | S |   | R | I | R | E | L | B | A | R | | |

|   | E |   | S | E |   |   | S |   |   |   |   | E |   |   | Y |
|---|---|---|---|---|---|---|---|---|---|---|---|---|---|---|---|
| R | Y | F | R |   | V | F |   | N | Y | E | R | N | Q | L | |

|   | T |   |   | E |   |
|---|---|---|---|---|---|
| G | N | X | R | A | |

Good advice from Oscar Wilde

# Trace The Letters

# Find the Words That Rhyme With Gary

Fill in the missing vowels.

| | C | N | | R | Y | bird |
|---|---|---|---|---|---|---|

| H | N | R | | R | Y | kind of award |
|---|---|---|---|---|---|---|

| L | | B | R | | R | Y | building with books |
|---|---|---|---|---|---|---|

| B | | R | R | Y | fruit |
|---|---|---|---|---|---|

| D | V | | R | S | | R | Y | enemy |
|---|---|---|---|---|---|---|---|---|

| M | | R | R | Y | happy |
|---|---|---|---|---|---|

| C | H | | R | R | Y | fruit |
|---|---|---|---|---|---|---|

| F | | | R | Y | mythical creature |
|---|---|---|---|---|---|

| C | | R | R | Y | hold |
|---|---|---|---|---|---|

| D | | | R | Y | milk |
|---|---|---|---|---|---|

| S | C | | R | Y | afraid |
|---|---|---|---|---|---|

| T | | M | P | | R | | R | Y | not continuous |
|---|---|---|---|---|---|---|---|---|---|

| M | G | N | | R | Y | pretend |
|---|---|---|---|---|---|---|

| C | | L | N | | R | Y | cooking |
|---|---|---|---|---|---|---|---|

| P | R | | M | | R | Y | first |
|---|---|---|---|---|---|---|

| V | | R | Y | a lot |
|---|---|---|---|---|

| F | | R | R | Y | boat |
|---|---|---|---|---|---|

32

# Color The Letters

# Color The Letters

God makes me special

I AM
MORE
AWESOME
THAN
TACOS

# Color The Letters

LET YOUR LIGHT SHINE

# Cryptogram Puzzle

| A | B | C | D | E | F | G | H | I | J | K | L | M | N | O | P | Q | R | S | T | U | V | W | X | Y | Z |
|---|---|---|---|---|---|---|---|---|---|---|---|---|---|---|---|---|---|---|---|---|---|---|---|---|---|
|   |   |   |   |   |   |   |   |   |   |   |   |   |   |   |   |   |   |   |   |   |   |   |   |   |   |

|   | O |   | R |   | W | O | R |   |   |   | O | N | S |   | S |   | S |
|---|---|---|---|---|---|---|---|---|---|---|---|---|---|---|---|---|---|
| B | R | X | U |   | Z | R | U | W | K |   | F | R | Q | V | L | V | W | V |

|   | N |   | W |   |   |   |   | O |   |   | R | E |   |   | N |   |
|---|---|---|---|---|---|---|---|---|---|---|---|---|---|---|---|---|
| L | Q |   | Z | K | D | W |   | B | R | X |   | D | U | H |   | D | Q | G |

| N | O |   |   | N |   | W |   |   |   | O |   |   |   |   | E |
|---|---|---|---|---|---|---|---|---|---|---|---|---|---|---|---|
| Q | R | W |   | L | Q |   | Z | K | D | W |   | B | R | X |   | K | D | Y | H |

How your life is not about stuff - a quote by Thomas A. Edison

# Let's Taco 'Bout Your Value

What are some things you like about yourself?

What are some things you like to do for others?

# Finish Gary

# Finish Mr. Squibbles

# Which Do You Like ~~One Is~~ Better?

Circle your answer

| | | |
|---:|:---:|:---|
| Tacos | or | Burritos |
| Chocolate | or | Vanilla |
| Strawberry | or | Blueberry |
| Playing Outside | or | Playing Inside |
| Summer | or | Winter |
| Drawing | or | Reading |
| Eating | or | Sleeping |
| Morning | or | Night time |
| Math | or | Science |
| Gym | or | Recess |
| Pretzels | or | Crackers |
| Popcorn | or | Chips |
| Beach | or | Park |

It's easy to think that one is better than the other because we like it more. But just because we like something doesn't make it more valuable. We all like different things.

# Fun Things Word Search

Find all the hidden words from the list below.

```
J A N S T N D Q S K I P P I N G R P S M
T Q T Z D K S P C I L U H C D A Z X X M
K J O D V B L R Z L K G O I D F Y F D Q
W T Y L L Y L S K C I A G C Y W T W G G
U T S D U N H E I S G M V L R E F N T Z
D R A W I N G S E Q Q E B A K A I C R G
H Z X U J U U P I J D S H I D C F E E O
I P J R U M Z S P E T S B D N A L T S C
M L L I O Y Q Q Z R G A V A K G G P S G
A A A C U J F S F U G M D V B N V X E P
G Y V B E A C H R R B B K K I I Z G D R
I G L N I E W P I G E R B R I Y Y C R E
N R O S B A K I E A O A O D B A M J I T
A O E J Y I X Z N R T L D R E L D Q R E
T U J G X A H S D T O I V I W P Q W D N
I N V Y N B W P S C J Z N P N C Z X B D
O D R D U W U O V A B Z G F T G G N K I
N D Q V N V F R O G Y C A R N I V A L N
K T E D N W Y T O G A S A N D B O X B G
S K S R H O C S O L J B D K M P R H E O
```

## Words List

| | | | |
|---|---|---|---|
| ART | BEACH | BIKE | CARNIVAL |
| CLIMBING | COLORING | CRAFTS | DANCING |
| DESSERT | DRAWING | FRIENDS | GAMES |
| IMAGINATION | MUSIC | PETS | PLAYGROUND |
| PLAYING | PRETENDING | READING | SANDBOX |
| SKIPPING | SPORTS | TOYS | |

# Fun Add Ins

How it works: choose a word for each category in the lists. Write your words in the proper place in the stories that follow. Read and enjoy a good laugh.

**Fun Visit**

Name    _____

Place    _____

Verb    _____

Noun    _____

Adjective    _____

Noun    _____

Verb    _____

Come and visit _____'s fun-filled _____ where
                    name                          place

you can _____ as much as you want. There are so many
                  verb

_____ to choose from and lots of _____, _____
   noun                                  adjective      noun

to _____ with.
   verb

43

**How To Make A Taco**

Color       _____

Noun       _____

Adjective   _____

Adjective   _____

Number    _____

Color       _____

Verb        _____

Adjective   _____

Noun       _____

Verb        _____

Adjective   _____


First you pick out what kind of shell you want. Many like the taste of

_____, while others like _____because it is healthier.  Then you
   color                               noun

choose your meat – either _____ or _____.
                                  adjective                adjective

Next you add the cheese. I prefer shredded _____ , but you can use
                                             verb

whatever you want. Now add_____ other toppings you like.  You can
                                 number

choose from _____, _____, and _____ My favorite
                 color          verb         adjective

is guacamole. Use a _____ to _____ the lettuce on top.
                       noun          verb

Now it's time to _____ your taco. Enjoy!
             adjective

**Just For You**

Your Name

Favorite Thing

Verb

Adjective Ending In Est

Positive Adjective

Party Kind Of Verb

One Of The 5 Senses

Positive Adjective

Positive Adjective

Positive Adjective

Name

Noun

Way To Communicate.

Hey there _____. Did you know that you're awesome like
                     your name

_____. There is only one you. No one can _____ like you. I
favorite thing                                       verb

heard that you are the _____. Sure you're not perfect, no one is.
                          adj. ending in est

But you are_____. So _____. It's time to
             positive adjective           party kind of verb

_____ your value. Celebrate how you are _____, _____,
1 of the 5 senses                          positive adjective  positive adjective

and _____. And if _____ gives you a
           positive adjective               name

_____ time, just_____I know I matter!!
      noun                     way to communicate

**Short And Colorful**

Noun    _____

Color    _____

Noun    _____

Color    _____

Food    _____

Adjective    _____

Person    _____


_____'s  are _____
noun                 color

_____'s  are _____
noun                 color

_____ is/are _____
food                 adjective

and so is/are _____ .
person

# The Big Adventure

After years of being friends, Gary and Mr. Squibbles got to know each other more and more and trusted each other with their lives. They were best buds and dreamt of going on a big adventure together. Then they started building the ship to take them where they wanted to go…

After many failed attempts, they finally got it to work! Off they went to see what they could find out in space.

# Help Gary & Mr. Squibbles Find
## A Planet To Explore

START

FINISH

# Colors On Tacos Crossword

Solve the following puzzle based on the clues given!

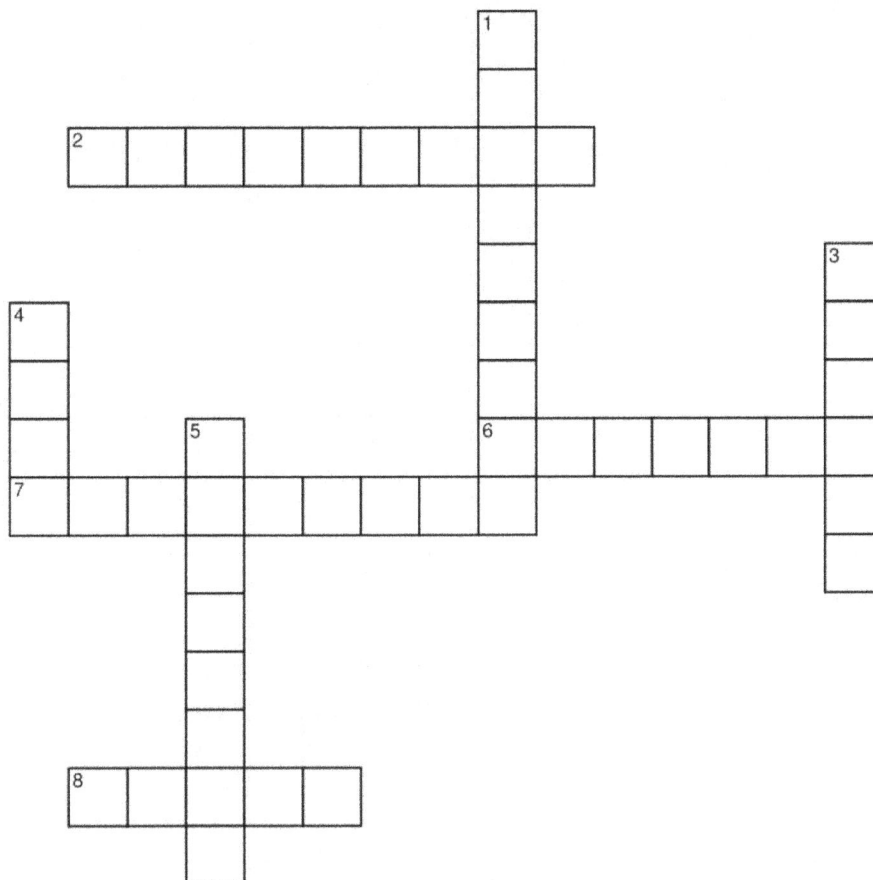

**Across**

[2] White Goo
[6] Leaf Green
[7] Red Mixture
[8] Hard Yellow

**Down**

[1] Green Paste
[3] Orange Shreds
[4] Spicy Brown
[5] Red Vegetable

# Colors on Burritos Crossword

Solve the following puzzle based on the clues given!

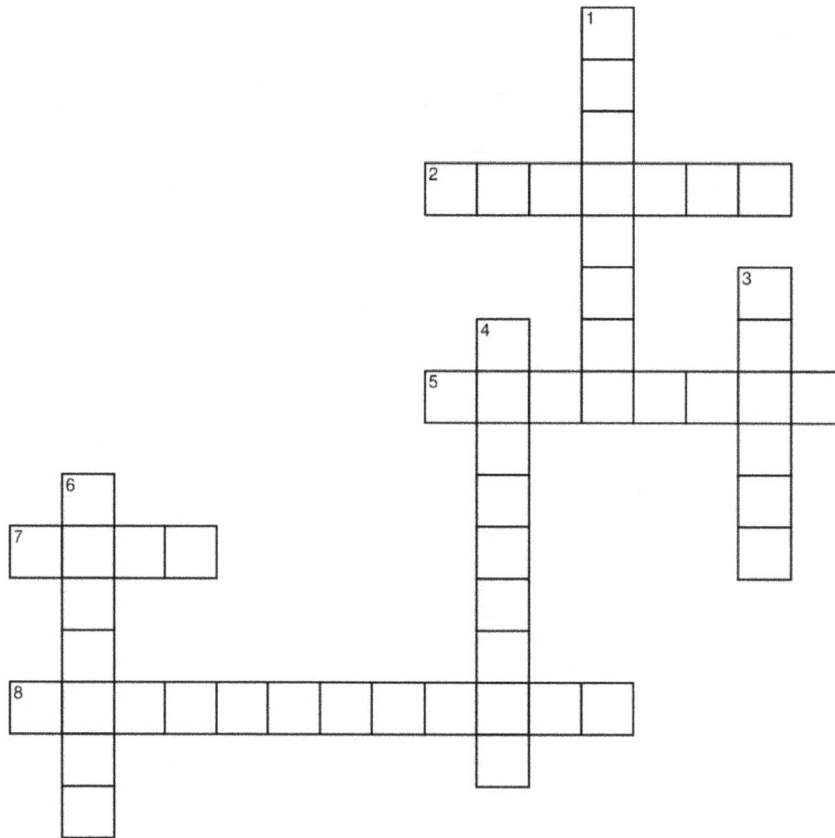

**Across**

[2] Leaf Green
[5] Red Vegetable
[7] Spicy Brown
[8] Brown Paste

**Down**

[1] Soft White
[3] Orange Shreds
[4] White Goo
[6] Green Chunks

# Tacos Word Search

Find all the hidden words from the list below.

```
        V S O Y O D J O E M B
      A O M H O J J T C O P H J
      K Q U E X T Q U A Q H Y E
    C X A Z P A Q T A T D N Y U X
    D M O E Z R T Z T U X F E D M
  B R A G H T E E X K W X G P D U E
  S P L Y G L N S O Y O A B Q V I
B X W R O Y D O E A F W F B O R L X P
J L N J Q B I S H E L L R J R Y B P V D K
S B N B G I G B H H Z V S K H E T E Z K W
S U S V J H R N W C R Y L A F D Q D H H C
  P F A Z W N W M Q R N F V I U S J R S
  J T G U Y S A B F X L E A N Z N U E R
    I T H C D G U A C A M O L E W O K
    W Z V M E S S Y R A G Z Y V T W N
      X M O L M N S A N F P U A P J
      E Y C Z A M H B Z N M A B
      W K R X A P J N N O M W E
        X C D M Y D W T X Y V
```

## Words List

| CHEESE | FUN | GUACAMOLE | LETTUCE |
|--------|-----|-----------|---------|
| MEAT | MESSY | SALSA | SAUCE |
| SHELL | TACO | TOMATOES | YUMMY |

# Finish The Sentence Crossword

Solve the following puzzle based on the clues given!

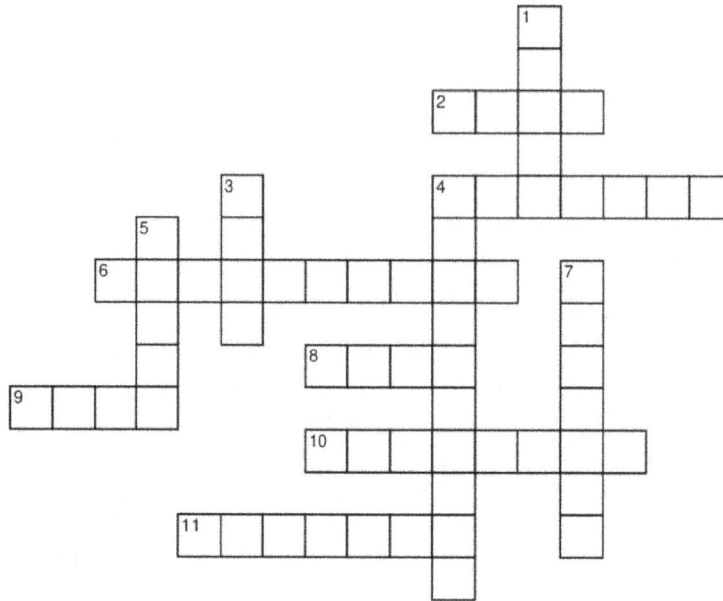

## Across

[2] When someone is not nice they're

[4] When someone treats you wrong you need to

[6] Sharing your feelings is being

[8] Our greatest need is

[9] When you have fun with a friend you

[10] Everybody makes

[11] To speak up for what's right we need

## Down

[1] Facing conflict is

[3] When someone is nice they're

[4] Knowing that you have value is called

[5] A person who picks on others is a

[7] No one is

# Gary And Mr. Squibbles Meet A New Friend

Gary and Mr. Squibbles landed on a planet full of potatoes. Of course they went exploring.

Strange New Planet

They found a potato in an astronaut costume and introduced themselves.

*"Hi there! We're Gary and Mr. Squibbles. We're on a big adventure exploring space and discovered your planet. What's your name? What are you building?"*

*"My name is Freckles. I'm building a space ship."*

"That's awesome!" said Gary, "Why don't you join us on our expedition? We can all be explorer friends."

Freckles was surprised.

"Why? Do you like me? I'm a potato. I'm a weird shape. I have spots. Why do you want to be friends with me?"

Mr. Squibbles chimed in.

"I felt that way when I first met Gary. He helped me see that it doesn't matter what you look like. We like you for who you are."

# Things That Have Value Word Search

Find all the hidden words from the list below.

```
M L K Y J G G E E S H N J D S F C E C P I N C T W Z K N Q E
Y O G M O R Q R F U O X J R P T J O Y X T B Z A I Q Z H H B
U H R Y C U E D D W V U M O S C T E T V R E F Q D M L A O N
U J I D D F K S P A G H L K F X G E S C V A L D P R E R E F
N L V U V S C T P Y R Z O Y R U B J E J N U I E E I R D U T
S D W N V L P F W E S O D M I K V L N H O T N L M Y T W B W
Z F D A V B M I Z L C I H Q E N H B O N I Y S O G G K O Q E
B F H Z L F M T H P M T Y D N R B X H T T J N G D X G R F J
L E A R N I N G M O N F R Y D Q W Q B N A T U R E N Z K L C
D Y X V K U M G G E Y Q E T S A H W M V C Y W X Y U G S A A
M Y R C A P U Q F P H R C S H N A J S A I B R F T J T S E W
G P A L Z P W B D E T E R M I N A T I O N H V T I Z C E G G
E P O O X M J C L A A T X I P M E P D C U G Y E S F A N A V
V P Z D N X Z M A W P H E L N H X E Q G M R T D O U D D R H
Y F Y U K O J W N D M G M E E V V S T C M F W H I J E N U H
D E D F I C F W R N E U P S S O Z G R C O O P E R A T I O N
C D F B X D D F E R F A M I L Y R A U K C F S Y U D M K C Q
M T V A U L V O S G M L U Y C V J Q T E T A V T C R D G D H
A R Q T R P Y O T Y T Z F R H D S V H I C O M F O R T U P D
H P E A C E E W L K G O O D A T T I T U D E Q H U G S C B X
```

## Words List

| | | |
|---|---|---|
| BEAUTY | COMFORT | COMMUNICATION |
| COOPERATION | COURAGE | CURIOSITY |
| DETERMINATION | EMPATHY | FAMILY |
| FRIENDSHIP | GOOD ATTITUDE | HARD WORK |
| HOME | HONESTY | HUGS |
| JOY | KINDNESS | LAUGHTER |
| LEARNING | LOVE | NATURE |
| PEACE | PEOPLE | RESPECT |
| REST | SMILES | SOUL |
| TIME | TRUTH | YOU |

# Things That Have Value Beginning With A-E

Find in the grid using the words in the list below!

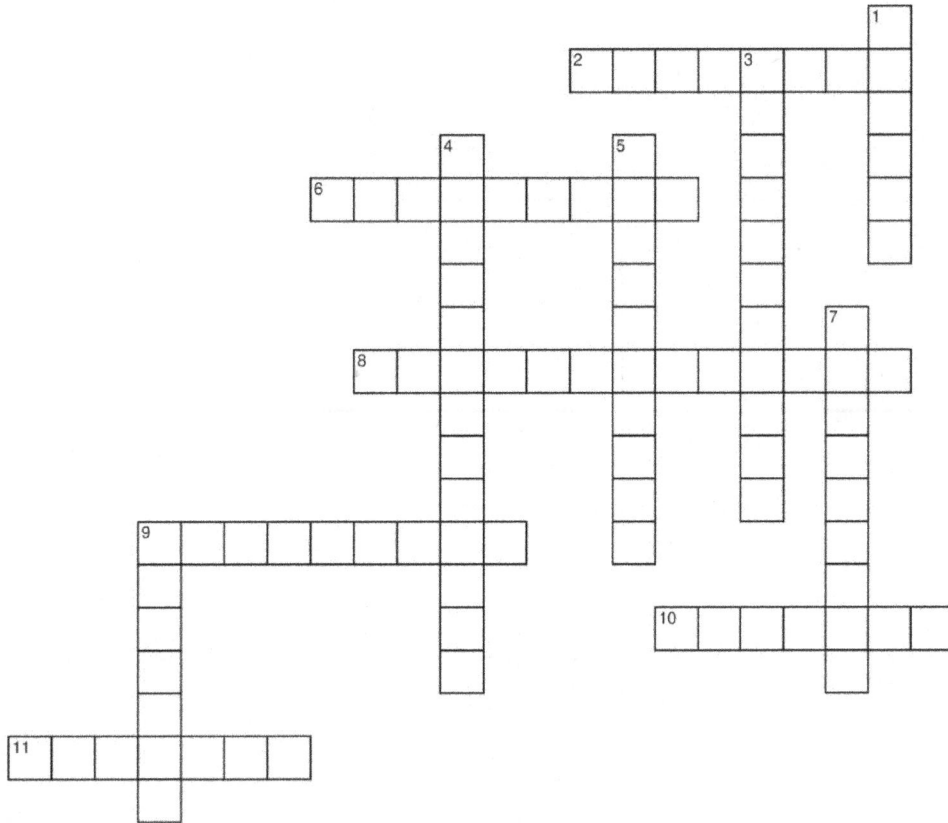

**Across**

[2] Exercise
[6] Adventure
[8] Communication
[9] Curiosity
[10] Empathy
[11] Courage

**Down**

[1] Beauty
[3] Cooperation
[4] Determination
[5] Creativity
[7] Community
[9] Comfort

# Things That Have Value Beginning With F-H

Find in the grid using the words in the list below!

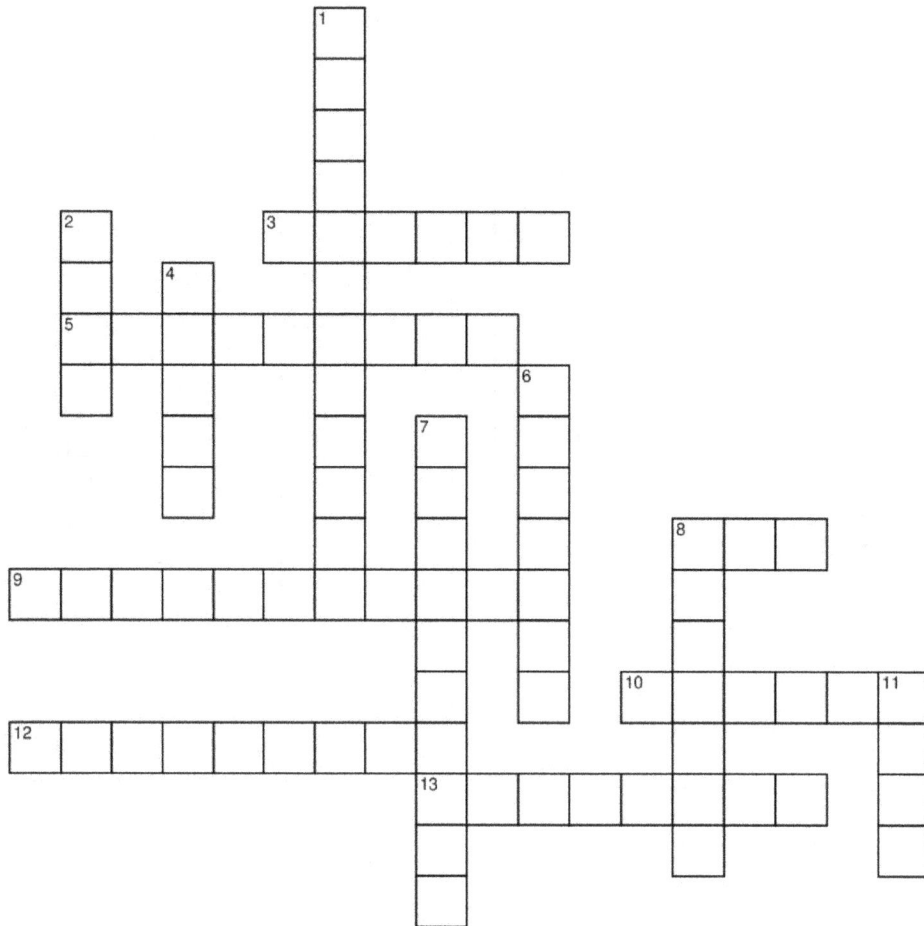

**Across**

[3] Family
[5] Gratitude
[8] Fun
[9] Forgiveness
[10] Health
[12] Good Deeds
[13] Hard Work

**Down**

[1] Good Attitude
[2] Hugs
[4] Faith
[6] Honesty
[7] Friendship
[8] Freedom
[11] Home

# Your Heart Has A-Maze-Ing Value

START

FINISH

# Things That Have Value Beginning With J-P

Find in the grid using the words in the list below!

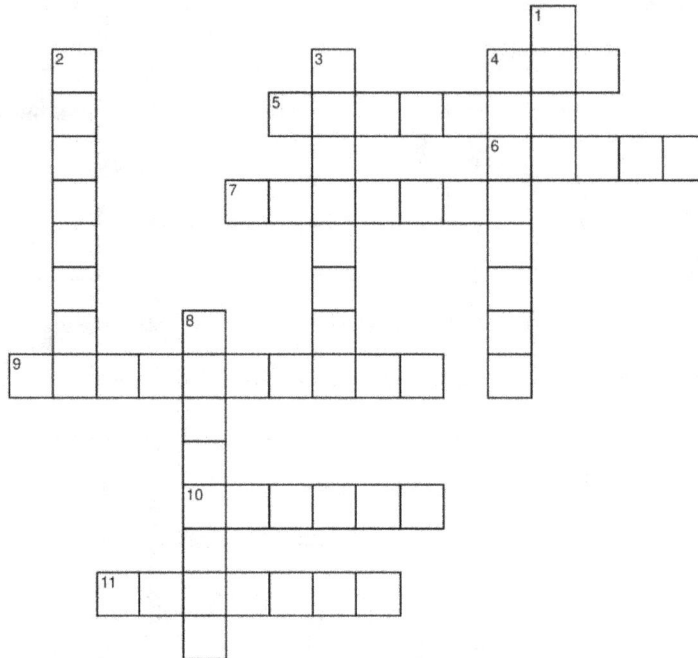

**Across**

[4] Joy
[5] Mercy
[6] Peace
[7] Purpose
[9] Privileges
[10] Nature
[11] Justice

**Down**

[1] Love
[2] Laughter
[3] Learning
[6] People
[8] Kindness

# Things That Have Value Beginning With R-Y

Find in the grid using the words in the list below!

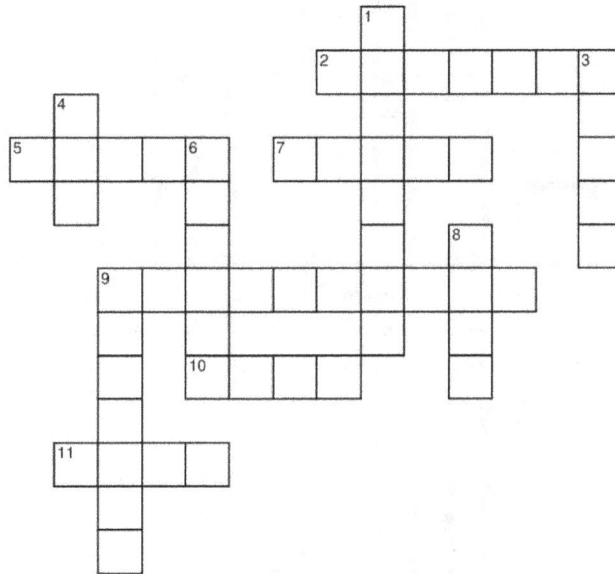

**Across**

[2] Respect
[5] Words
[7] Trust
[9] Self Esteem
[10] Soul
[11] Time

**Down**

[1] Security
[3] Truth
[4] You
[6] Smiles
[8] Rest
[9] Sharing

# Your Value Is A-Maze-Ing

START

FINISH

# Trace The Letters

I
HAVE
GREAT
VALUE

# Trace The Letters

I
AM
STRONG

# Color The Letters

I AM KIND

# I Am Word Search

Find all the hidden words from the list below.

```
                      R Y P H T
                      J B J G G
                      R S Z
        B S           A J I           B E
        N T U         V C E         L X W
        V N           E Q T         E H
Z W         S I E     W S I     V Z A         O C
S W J         Q N P   F B D L Y   Y S P     L J O
  X I Q U       U G E N T L E O Q Z N W T   K N V L
  J G K X D E H O N E S T P R Z Y D G N J C Y U
    F R I E N D L Y P V A L U A B L E Z D N F
    J H J V P O L I R I X C H A P P Y N N P I
    K B H O C M C O U R A G E O U S C U L D K
    K B L Y Z S T R O N G G R T T F E K P
    B J E C R E A T I V E N T M O H Y Y X
    Z B N Q I D E P O S I T I V E G U
    R I U H V N O C P W V V Q P L I S
    E C O N F I D E N T O I O J L Z L
    G U Z C Z K B M T O L E B X M Y S
```

## Words List

| | | | |
|---|---|---|---|
| BELOVED | BRAVE | CONFIDENT | COURAGEOUS |
| CREATIVE | FRIENDLY | FUNNY | GENTLE |
| HAPPY | HELPFUL | HONEST | KIND |
| LOVING | POLITE | POSITIVE | STRONG |
| UNIQUE | VALUABLE | | |

# Color The Letters

I AM

What are some other things you are?

# Finish Freckles

# Finish Silly Taco

# Finish Tacocat

# Draw Whatever You Want

# Word Fun

Make as many words as you can out of the letters in <u>burritos</u>.

Make as many words as you can out of the letters in <u>kindness</u>.

Make as many words as you can out of the letters in <u>respect</u>.

Make as many words as you can out of the letters in <u>identity</u>.

Make as many words as you can out of the letters in <u>self esteem</u>.

Make as many words as you can out of the letters in <u>guacamole</u>.




Make as many words as you can out of the letters in <u>beloved</u>.




Make as many words as you can out of the letters in <u>friend</u>.




Make as many words as you can out of the letters in <u>confidence</u>.

# Trace The Letters

I AM
CONFIDENT

# Ways We Feel Value Word Search

Find all the hidden words from the list below.

```
            Y N B H N Q T
          E A H Z O I R E V T F H N
        K N P T N N N J I N F J W T B P Y
      C K L A W T V J B C C R N E N O R R G
    W Z J P O U U T Y I X O D E C E X O F N D
    R O M N I J W F G C S U M F O M U T N I K
    A E K J L E S E D H K R R N L H N E G H Z
    T P C T O B E M P U W A Q B S S D C N S T
    M V W O N H E L P I N G G T G I E T I I P
    D M G T G V N Z R T X E L N Z L R E N N M
    P K C D V N Q Z S I H M C F V P S D N I I
      O I S Z A I A T M E E F U R M T L I F
      W U J R F U T F E K N Q F M O O P W S
      C O M P A S S I O N T I I D C O B G S
        G O K I P Q G O T O E C O C D U E
        Y G C H C Y V N Z C K S A H L
        C I R E S P O N S E E L E F F
        O P A T L V O I W I S N O
        V E R V D M J C N V K C P
          W D I K M Z U Y M M W
          I C B S I I A I U
          C C C I Q S F
          K P V R W
```

## Words List

| ACCOMPLISHMENT | COMPASSION | EMPATHY |
|---|---|---|
| ENCOURAGEMENT | FINISHING | GIFTS |
| HEARD | HELPING | HUGS |
| KNOWN | PROTECTED | RECOGNITION |
| RESPONSE | SEEN | TIME |
| UNDERSTOOD | WINNING | |

# Spot The Differences

76

# Let's Taco 'Bout Your Value

What makes you feel loved and valued?

How can you make others feel loved and valued?

# Taco 'Bout Word Search

Unscramble the shuffled words to words in this book!

ZAIAMNG

RTRUOBI

CTBTUIAORR

EEECHS

UCPEAKC

UNF

RAGY

OCUEMLGAA

EECTUTL

SMSYE

LASSA

UECAS

LFES ESMETE

ATOCCAT

AETOSOMT

EVAUL

OUY

# Help Gary & His Friends Find Another Planet To Explore

START  FINISH

# Decode The Message

Unscramble the following words that rhyme with YOU and decode the message!

**BOMAOB** → BAMBOO (8 = M)

**AUBBEQER** → BARBEQUE (3 = U, 6 = E)

**ANOEC** → CANOE (12 = N)

**ELGU** → GLUE

**ERGW** → GREW (13 = G)

**IOARHDO** → HAIRDO (11 = I)

**OGNRAKAO** → KANGAROO (9 = A, 5 = R)

**OZOKA** → KAZOO (10 = Z, 2 = O)

**EOHS** → SHOE

**EVAUL** → VALUE (7 = A)

**AYOOH** → YAHOO (1 = Y, 4 = A)

Decoded message:

| 1 | 2 | 3 | | 4 | 5 | 6 | | 7 | 8 | 9 | 10 | 11 | 12 | 13 | 14 |
|---|---|---|---|---|---|---|---|---|---|---|----|----|----|----|----|
| Y | O | U | | A | R | E | | A | M | A | Z | I | N | G | ! |

**YOU ARE AMAZING!**

# Planet Of The Martians

Gary, and Mr. Squibbles continued their adventure with their new friend Freckles.

In the distance they saw another planet and flew their spaceship there to check it out.

Once they landed, all they could see was orange and antennas!

It looked like this place had spikes all over it.

The planet scared Freckles and tried to get Gary and Mr. Squibbles to turn back.

But Gary said *"If we had turned back from your planet, we wouldn't have met you and become friends."*

Freckles felt better knowing his friends were with him and that they could depend on each other.

So they ventured out into the orange cloud.

Suddenly, a voice came booming…

"WHAT ARE YOU DOING HERE? GET OFF MY PLANET. YOU'RE NOT WELCOME HERE."

Gary gathered his courage and replied,

"But we want to be friends. I'm Gary, and these are my friends, Mr. Squibbles
and Freckles.
Can we be friends?"

Curious, the voice responded,

"Friends? What is a friend?"

Gary smiled and replied "Someone who sees your value, is kind to you, and
shares adventures."

"I'd love to be friends. Let me show you around my planet."

# Match Who Goes With Who

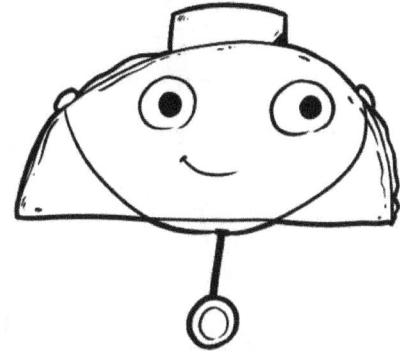

# How Many Of Each Of These Can You Find In The Picture On The Next Page?

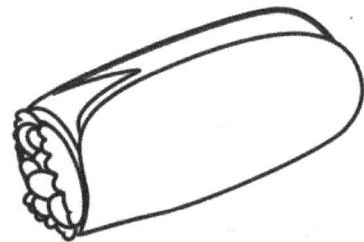

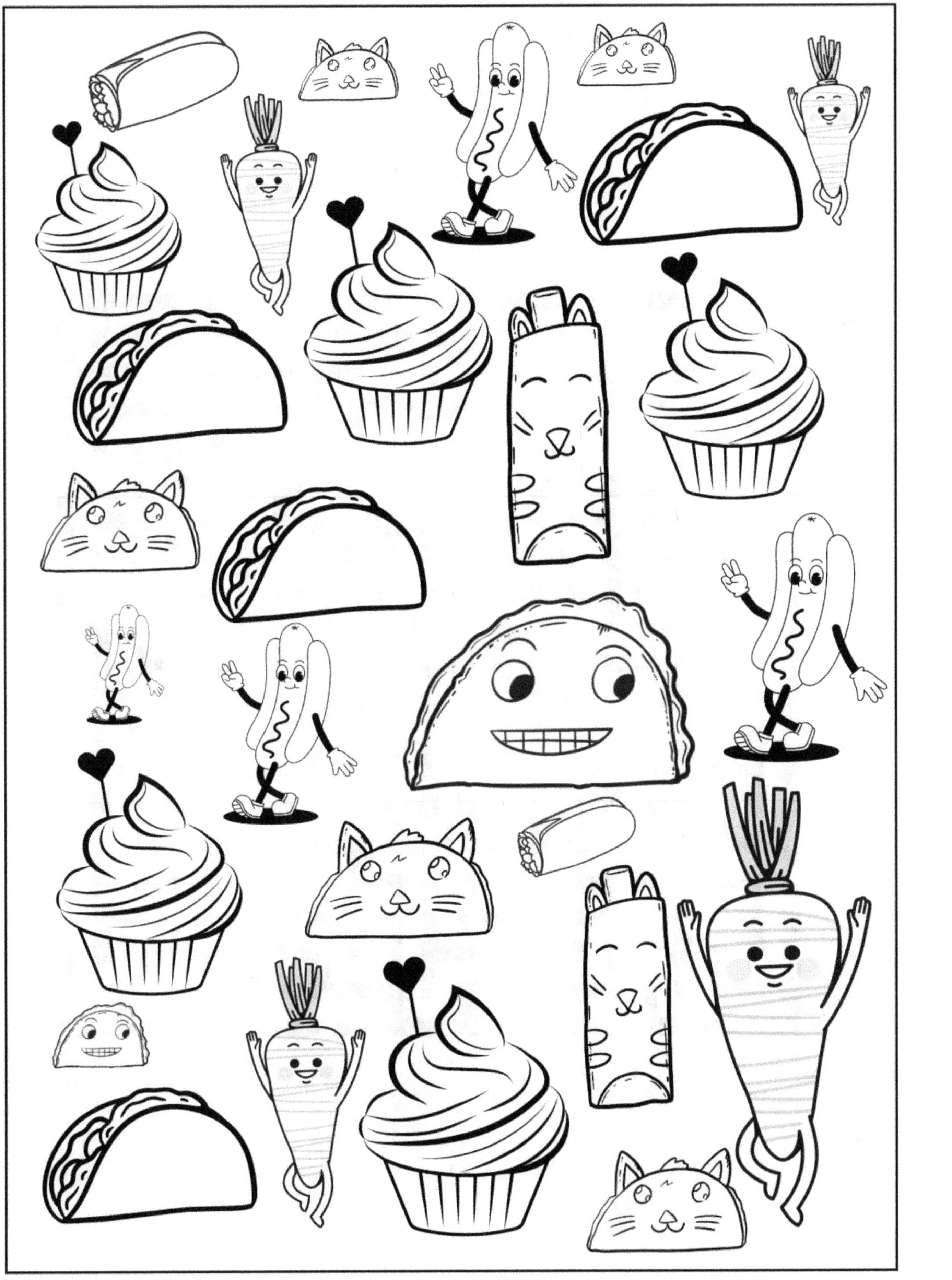

# Connect To Your A-Mazing Self

START

FINISH

AMAZING

# Solutions

## Solution

Find all the hidden words from the list below.

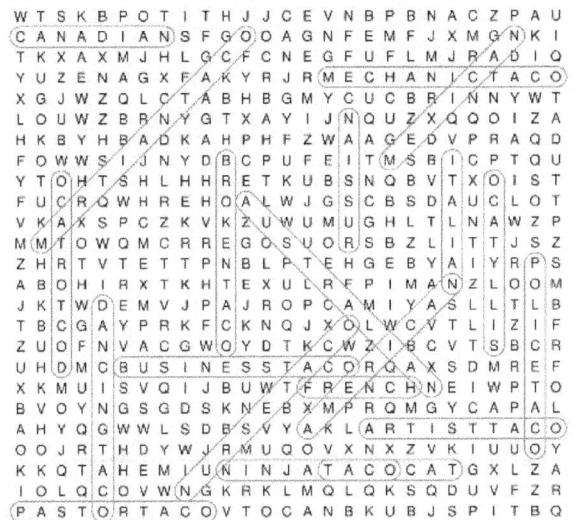

```
                M K Z
          H P O T W D Z S T
      J X J Y O U L P U G L R V
    H Y N M G I W L U D W J Y S K T G
  Y Y H S A S N F J S L A T E D H G D Z
J Z X Y T R M H J J Z J A L K W O X I E H
N W Y O J T I S C E G O K N Y D N I O R L
P Y H U F G I Y M T O J C K J T V H Q F X V
I L A E S F A E L G R E Y J O X W F P B O L X
Z Z T V X T A N R O E R A P H S A H K Y R N T B L
P Z P L R C R T G C F N C W I T F B E D E T R B X
B A U E G O A A Q A M Q Z O B J G X G W A B W P E
D B S B K C S T C P T I C K K P E U O J X D E D L A Y
F K S C A W N G O W A Z P D C B G R T I A S V G J E T
C U T A C O C A T F J N I N J A B U R R I T O X C K X
Z J R P S U T K J N U T O H M R J W Y K I W W J L
T N R U Q T G U B I K Y T X W Y R G O F C T W Z A
U H M C V H N F B N U F F A C R I O G B K E S Q Y
  I V P D D J M D P U G U M X A A M T K X C C
  L N H F B N H B Z C W D A Z G N U C Z S S V D
  H H W U T K M F L V M R S Q U I B B L E S
    V I V C U P G Y Q V I G A V O C A D O N E
    F V R J P C A J Q P M R N K R E O A A
      R J H E T E K Z S T N J R T N N C
        G B Y V E G E T A B L E S
          M Q L L K M E T P
              Z L L
```

### Words List

| | | | |
|---|---|---|---|
| Gary | Mr Squibbles | Freckles | Martian Taco |
| Tacocat | Ninja Taco | Ninja Burrito | Hot Dog |
| Cupcake | Carrot | Pizza | Breadstick |
| Strawberry | Corn | Avocado | Vegetables |

## Gary And Some Friends

## Solution

Find all the hidden words from the list below.

```
W T S K B P O T I T H J J C E V N B P B N A C Z P A U
C A N A D I A N S F G O O A G N F E M F J X M G N K I
T K X A X M J H L G C F C N E G F U F L M J R A D I Q
Y U Z E N A G X F A K Y R J R M E C H A N I C T A C O
X G J W Z Q L C T A B H B G M Y C U C B R I N N Y W T
L O U W Z B R N Y G T X A Y I J N Q U Z X Q Q O I Z A
H K B Y H B A D K A H P H F Z W A A G E D V P R A Q D
F O W W S I J N Y D B C P U F E I T M S B I C P T Q U
Y T O H T S H L H H R E T K U B S N O B V T X O I S T
F U C R O W H R E H O A L W J G S C B S D A U C L O T
V K A X S P C Z K V K Z U W U M U G H L T L N A W Z P
M M T O W Q M C R R E G O S U O R S B Z L I T T J S Z
Z H R T V T E T T P N B L P T E H G E B Y A I Y R P S
A B O H I R X T K H T E X U L R F P I M A N Z L O O M
J K T W D E M V J P A J R O P O A M I Y A S L L T L B
T B C G A Y P R K F C K N Q J X O L W C V T L I Z I F
Z U O F N V A C G W O Y D T K C W Z I B C V T S B C R
U H D M C B U S I N E S S T A C O R Q A X S D M R E F
X K M U I S V Q I J B U W T F R E N C H N E I W P T O
B V O Y N G S G D S K N E B X M P R Q M G Y C A P A L
A H Y Q G W W L S D B S Y Y A K L A R T I S T T A C O
O O J R T H D Y W J R M U Q O V X N X Z V K I U U O Y
K K Q T A H E M U N I N J A T A C O C A T G X L Z A
I O L Q C O V W N G K R K L M Q L Q K S Q D U V F Z R
P A S T O R T A C O V T O C A N B K U B J S P I T B Q
```

### Words List

| | | | |
|---|---|---|---|
| American | Artist Taco | Australian | Broken Taco |
| Business Taco | Canadian | Dancing Taco | Doctor Taco |
| French | Italian | Martian Taco | Mechanic Taco |
| Mexican | Ninja Taco | Nurse Taco | Pastor Taco |
| Police Taco | Russian | Silly Taco | Tacocat |

## Kinds Of Tacos

## Solution

Fill in the missing vowels.

| | |
|---|---|
| B U N | bread |
| D O N E | over |
| N O N E | nothing |
| O N E | more than zero |
| P U N | joke |
| R U N | faster than walk |
| S O N | boy child |
| S P U N | went around fast |
| S T U N | surprise |
| S U N | lights the day |
| T O N | heavy |
| W O N | congratulations |

## Words That Rhyme With Fun

## Solution

| A | B | C | D | E | F | G | H | I | J | K | L | M | N | O | P | Q | R | S | T | U | V | W | X | Y | Z |
|---|---|---|---|---|---|---|---|---|---|---|---|---|---|---|---|---|---|---|---|---|---|---|---|---|---|
| N | O | P | Q | R | S | T | U | V | W | X | Y | Z | A | B | C | D | E | F | G | H | I | J | K | L | M |

```
B E    Y O U R S E L F    E V E R Y O N E
O R    L B H E F R Y S    R I R E L B A R

   E L S E   I S   A L R E A D Y
   R Y F R   V F   N Y E R N Q L

          T A K E N
          G N X R A
```

Good advice from Oscar Wilde

## Cryptogram – Oscar Wilde

## Solution

Fill in the missing vowels.

C A N A R Y — bird
H O N O R A R Y — kind of award
L I B R A R Y — building with books
B E R R Y — fruit
A D V E R S A R Y — enemy
M E R R Y — happy
C H E R R Y — fruit
F A I R Y — mythical creature
C A R R Y — hold
D A I R Y — milk
S C A R Y — afraid
T E M P O R A R Y — not continuous
I M A G I N A R Y — pretend
C U L I N A R Y — cooking
P R I M A R Y — first
V E R Y — a lot
F E R R Y — boat

## Words That Rhyme With Gary

## Solution

| A | B | C | D | E | F | G | H | I | J | K | L | M | N | O | P | Q | R | S | T | U | V | W | X | Y | Z |
|---|---|---|---|---|---|---|---|---|---|---|---|---|---|---|---|---|---|---|---|---|---|---|---|---|---|
| D | E | F | G | H | I | J | K | L | M | N | O | P | Q | R | S | T | U | V | W | X | Y | Z | A | B | C |

Y O U R    W O R T H    C O N S I S T S
B R X U    Z R U W K    F R Q V L V W V

I N    W H A T    Y O U    A R E    A N D
L Q    Z K D W    B R X    D U H    D Q G

N O T    I N    W H A T    Y O U    H A V E
Q R W    L Q    Z K D W    B R X    K D Y H

How your life is not about stuff - a quote by Thomas A. Edison

## Cryptogram – Thomas A. Edison

## Solution

Find all the hidden words from the list below

### Words List

| ART | BEACH | BIKE | CARNIVAL |
|---|---|---|---|
| CLIMBING | COLORING | CRAFTS | DANCING |
| DESSERT | DRAWING | FRIENDS | GAMES |
| IMAGINATION | MUSIC | PETS | PLAYGROUND |
| PLAYING | PRETENDING | READING | SANDBOX |
| SKIPPING | SPORTS | TOYS | |

## Fun Things Word Search

## Solution

## Find A New Planet Maze

## Solution

Solve the following puzzle based on the clues given!

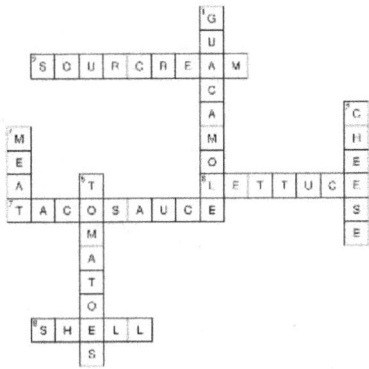

**Across**

[2] White Goo
[5] Leaf Green
[7] Red Mixture
[8] Hard Yellow

**Down**

[1] Green Paste
[3] Orange Shreds
[4] Spicy Brown
[5] Red Vegetable

# Colors On Tacos Crossword

## Solution

Solve the following puzzle based on the clues given!

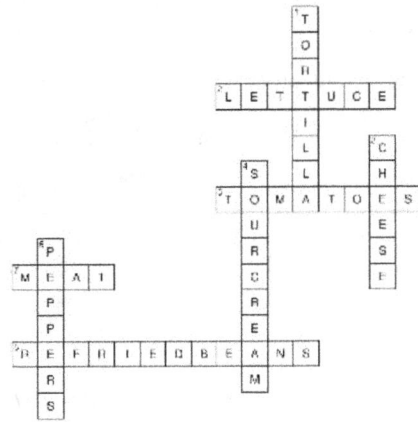

**Across**

[2] Leaf Green
[5] Red Vegetable
[7] Spicy Brown
[8] Brown Paste

**Down**

[1] Soft White
[3] Orange Shreds
[4] White Goo
[6] Green Chunks

# Colors On Burritos Crossword

## Solution

Find all the hidden words from the list below

### Words List

| | | | |
|---|---|---|---|
| CHEESE | FUN | GUACAMOLE | LETTUCE |
| MEAT | MESSY | SALSA | SAUCE |
| SHELL | TACO | TOMATOES | YUMMY |

# Tacos Wordsearch

## Solution

Solve the following puzzle based on the clues given!

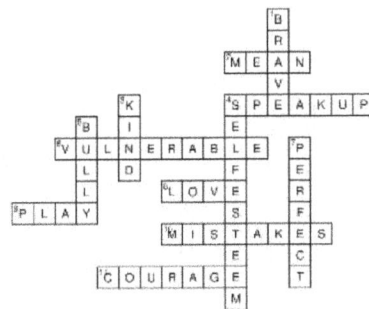

**Across**

[2] When someone is not nice they're
[4] When someone treats you wrong you need to
[6] Sharing your feelings is being
[8] Our greatest need is
[9] When you have fun with a friend you
[10] Everybody makes
[11] To speak up for what's right we need

**Down**

[1] Facing conflict is
[3] When someone is nice they're
[4] Knowing that you have value is called
[5] A person who picks on others is a
[7] No one is

# Finish The Sentence Crossword

## Solution

Find all the hidden words from the list below

```
M L K Y J G G E E S H N J D S F C E C P I N C T W Z K N Q E
Y O G M O R Q R F U O X J R P T J O Y X T B Z A I Q Z H H B
U H R Y Q U E Q D W V U M O S C T E T V R E F Q D M L A O N
U J I D D F K S P A G H L K F X G E S C V A L D P R E R E F
N L V U V S G T P Y R Z O Y R U B J E J N U I E E I R D U T
S D W N V L P F W E S O O M K V L N H O T N L M Y T W B W
Z F D A V B M I Z L C I H Q E N H B O N I Y S O G G K O Q E
B F H Z L F M T H P M T Y D N R B X H T T J N G D X G R F J
L E A R N I N G M O N F R Y D Q W Q B N A T U R E N Z K L C
D Y X V K U M G G E Y Q E T S A H W M V C Y W X Y U G S A A
M Y R C A P U Q F P H R C S H N A J S A I B R F T J T S E W
G P A L Z P W B D E T E R M I N A T I O N H V T I Z C E G G
E P O O X M J C L A A T X I P M E P D C U G Y E S F A N A V
V P Z D N X Z M A W P H E L N H X E Q G M R T D O U D D R H
Y F Y U K O J W N D M G M E E V V S T C M F W H I J E N U H
D E D F I C F W R N E U P S S O Z G R C O O P E R A T I O N
C D F B X D D F E R F A M I L Y R A U K C F S Y U D M K C Q
M T V A U L V O S G M L U Y C V J Q T E T A V T C R D G D H
A R Q T R P Y O T Y T Z F R H D S V H I C O M F O R T U P D
H P E A C E E W L K G O O D A T T I T U D E Q H U G S C B X
```

### Words List

| | | |
|---|---|---|
| BEAUTY | COMFORT | COMMUNICATION |
| COOPERATION | COURAGE | CURIOSITY |
| DETERMINATION | EMPATHY | FAMILY |
| FRIENDSHIP | GOOD ATTITUDE | HARD WORK |
| HOME | HONESTY | HUGS |
| JOY | KINDNESS | LAUGHTER |
| LEARNING | LOVE | NATURE |
| PEACE | PEOPLE | RESPECT |
| REST | SMILES | SOUL |
| TIME | TRUTH | YOU |

## Things That Have Value Wordsearch

## Solution

Fill in the grid using the words in the list below!

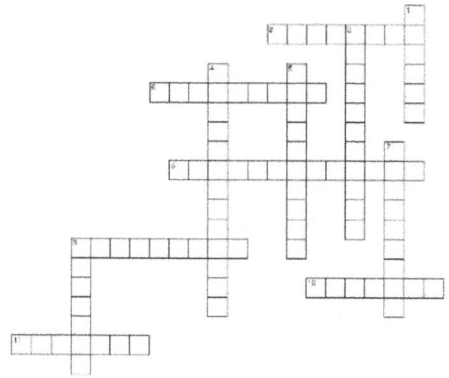

### Across

[2] Exercise
[6] Adventure
[8] Communication
[9] Curiosity
[10] Empathy
[11] Courage

### Down

[1] Beauty
[3] Cooperation
[4] Determination
[5] Creativity
[7] Community
[9] Comfort

## Things That Have Value A-E Crossword

## Solution

Fill in the grid using the words in the list below!

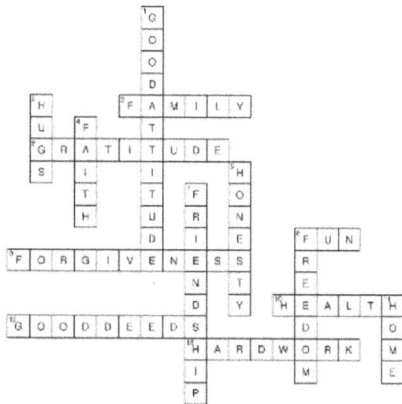

### Across

[3] Family
[5] Gratitude
[8] Fun
[9] Forgiveness
[10] Health
[12] Good Deeds
[13] Hard Work

### Down

[1] Good Attitude
[2] Hugs
[4] Faith
[6] Honesty
[7] Friendship
[8] Freedom
[11] Home

## Things That Have Value F-H Crossword

## Solution

## Your Heart Has A-Maze-Ing Value

## Solution

Fill in the grid using the words in the list below!

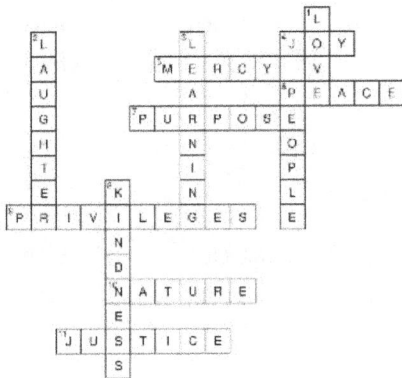

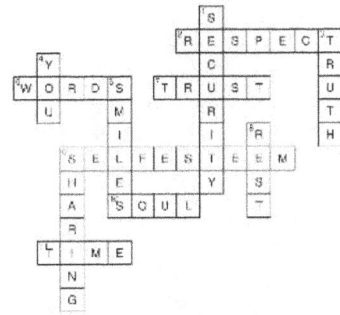

**Things That Have Value J-P Crossword**

**Across**

[4] Joy
[5] Mercy
[6] Peace
[7] Purpose
[9] Privileges
[10] Nature
[11] Justice

**Down**

[1] Love
[2] Laughter
[3] Learning
[6] People
[8] Kindness

## Solution

Fill in the grid using the words in the list below!

**Things That Have Value R-Y Crossword**

**Across**

[2] Respect
[5] Words
[7] Trust
[9] Self Esteem
[10] Soul
[11] Time

**Down**

[1] Security
[3] Truth
[4] You
[6] Smiles
[8] Rest
[9] Sharing

## Solution

**Your Value Is A-Maze-Ing**

## Solution

Find all the hidden words from the list below

```
                    R Y P H T
               J (B) J G G
                  (R) S Z
        B S        (A) J I              B E
        N T (U)    (V) C (E)        L X W
          V  N     (E) Q T          E H
  Z W        S  I  E    W S I       V Z A          O C
  S W J      Q N P  F B D L Y  Y S P         L J O
  X I Q U    U (G E N T L E) O Q Z N W T    K N V L
  J G K X (D E H O N E S T) P R Z Y D G N J  C Y U
  (F R I E N D L Y) P (V A L U A B L E) Z D N F
  J H J V P O L I R X C (H A P P Y) N N P I
  K B H O C M (C O U R A G E O U S) C U L D K
  K B L Y Z (S T R O N G) R T T (F E K P
  B J E (C R E A T I V E) N T M O (H Y Y X
  Z (B) N Q I (D E P O S I T I V E) G U
  R I U H V N O C P W V V Q P L I S
  E (C O N F I D E N T) O I O J L Z L
  G U Z C Z (K B M T O L) E B X M Y S
```

### Words List

| | | | |
|---|---|---|---|
| BELOVED | BRAVE | CONFIDENT | COURAGEOUS |
| CREATIVE | FRIENDLY | FUNNY | GENTLE |
| HAPPY | HELPFUL | HONEST | KIND |
| LOVING | POLITE | POSITIVE | STRONG |
| UNIQUE | VALUABLE | | |

## I Am Wordsearch

## Solution

| | |
|---|---|
| Turbo | Tub |
| Burro | Rib |
| Orbit | Bio |
| Riot | Bit |
| Burr | Bot |
| Tour | Bro |
| Brut | But |
| Bout | Out |
| Trio | Our |
| Rob | Orb |
| Rot | It |
| Rub | Or |
| Rut | To |

## Word Fun - Words Out Of Burritos

## Solution

| | | | | |
|---|---|---|---|---|
| Skinned | Sikes | Kins | Disk | Den |
| Sinned | Nines | Nine | Inks | Die |
| Kissed | Sides | Desk | Send | Din |
| Skeins | Desks | Dens | Inns | Dis |
| Sines | Dines | Sine | Dine | End |
| Skies | Skins | Send | Kind | Ink |
| Inked | Dikes | Ness | Sins | Inn |
| Skein | Skids | Side | Kids | Ins |
| Inned | Snide | Kine | Ides | Kin |
| Kines | Disks | Ends | Sin | Is |
| Sends | Sink | Skin | Ski | In |
| Kinds | Dies | Skis | Sis | |
| Sinks | Kiss | Skid | Kid | |

## Word Fun - Words Out Of Kindness

94

## Solution

| | | |
|---|---|---|
| Scepter | Crepe | Pets |
| Secret | Steep | Pest |
| Erects | Crest | Tee |
| Pester | Erect | Set |
| Crepes | Spree | Pet |
| Creeps | Tree | Pee |
| Preset | Rest | See |
| Steer | Seer | |
| Peers | Tees | |
| Trees | Seep | |
| Reset | Step | |
| Crept | Peer | |
| Creep | Pees | |

# Word Fun - Words Out Of Respect

## Solution

| | |
|---|---|
| Tinted | Deny |
| Entity | Diet |
| Tined | Dine |
| Indie | Tint |
| Ditty | Edit |
| Deity | Yen |
| Nitty | Yet |
| Tent | Tie |
| Tend | Ten |
| Tine | Den |
| Nite | Die |
| Yeti | Dye |
| Tide | End |
| Tidy | Net |
| Tiny | In |
| Dent | It |

# Word Fun - Words Out Of Identity

## Solution

| | | |
|---|---|---|
| Feetless | Melt | Lest |
| Esteems | Meet | Eels |
| Fleets | Mete | Stem |
| Sleets | Tees | Less |
| Esteem | Sets | Lees |
| Seems | Teem | Flee |
| Feels | Self | Elm |
| Melts | Sees | Met |
| Flees | Seem | Tee |
| Fleet | Lets | Elf |
| Meets | Left | Lee |
| Teems | Felt | See |
| Stems | Feet | Fee |
| Steel | Fees | Let |
| Smelt | Elms | Set |
| Sleet | Feel | Me |
| Mess | Else | |

# Word Fun - Words Out Of Self Esteem

95

## Solution

| | | | |
|---|---|---|---|
| Gleam | Meal | Cola | Gum |
| Camel | Loam | Clue | Lag |
| Omega | Lame | Leg | Log |
| Alamo | Lace | Ale | Lug |
| Cameo | Mole | Gel | Um |
| Algae | Mule | Mag | La |
| Glum | Gala | Elm | Lo |
| Glue | Acme | Ego | Ma |
| Gale | Clog | Ace | Me |
| Mega | Came | Age | Am |
| Game | Calm | Ago | Go |
| Gama | Cage | Mug | |
| Goal | Aloe | Gem | |
| Male | Coal | Cue | |
| Mace | Come | Cog | |
| Maul | Coma | Gal | |

## Word Fun - Words Out Of Guacamole

## Solution

| | |
|---|---|
| Bevel | Lob |
| Lobed | Ode |
| Bleed | Lee |
| Loved | Ole |
| Delve | Bee |
| Lobe | Bed |
| Lode | Doe |
| Love | Eel |
| Dove | Eve |
| Dole | Led |
| Bold | Do |
| Bode | Be |
| Bled | Lo |
| Old | |

## Word Fun - Words Out Of Beloved

## Solution

| | | |
|---|---|---|
| Redfin | Rind | Red |
| Refind | Dire | End |
| Finder | Rife | Fir |
| Infer | Dine | Fin |
| Fiend | Rein | Fin |
| Fined | Ride | Die |
| Finer | Rend | Den |
| Fried | Fern | In |
| Fired | Fend | If |
| Diner | Fed | |
| Fire | Ire | |
| Find | Rif | |
| Nerd | Ref | |
| Fine | Rid | |

## Word Fun - Words Out Of Friend

## Solution

| | | | |
|---|---|---|---|
| Confined | Fined | Node | Doe |
| Confine | Niece | Neon | Doc |
| Concede | Need | Code | Din |
| Confide | Icon | Nice | Die |
| Finned | Feed | Done | Den |
| Conned | Iced | Find | Fed |
| Define | Fond | Dine | Fee |
| Fenced | Fend | Ion | Foe |
| Encode | Fine | One | Don |
| Neoned | Info | Nee | Fin |
| Coined | Fido | Nod | On |
| Coned | Once | Ode | Of |
| Fiend | Dice | Inn | No |
| Inned | Coin | Ice | Do |
| Codec | None | End | If |
| Donne | Coed | Cod | |
| Fence | Cone | Con | |

## Word Fun - Words Out Of Confidence

## Solution

Find all the hidden words from the list below.

### Words List

| | | |
|---|---|---|
| ACCOMPLISHMENT | COMPASSION | EMPATHY |
| ENCOURAGEMENT | FINISHING | GIFTS |
| HEARD | HELPING | HUGS |
| KNOWN | PROTECTED | RECOGNITION |
| RESPONSE | SEEN | TIME |
| UNDERSTOOD | WINNING | |

## Ways We Feel Value Wordsearch

## Solution

1. Smile on sun gone
2. Gary has a hat
3. Mr. Squibbles hat has stripes
4. Gary has no eyes
5. Gary has a black tooth
6. Mr. Squibbles has a black nose
7. Gary and Mr. Squibbles are not touching
8. One of the squiggle waves is gone

### Spot The Differences

## Solution

Unscramble the shuffled words to words in this book!

| | |
|---|---|
| ZAIAMNG | A M A Z I N G |
| RTRUOBI | B U R R I T O |
| CTBTUIAORR | B U R R I T O C A T |
| EEECHS | C H E E S E |
| UCPEAKC | C U P C A K E |
| UNF | F U N |
| RAGY | G A R Y |
| OCUEMLGAA | G U A C A M O L E |
| EECTUTL | L E T T U C E |
| SMSYE | M E S S Y |
| LASSA | S A L S A |
| UECAS | S A U C E |
| LFES ESMETE | S E L F   E S T E E M |
| ATOCCAT | T A C O C A T |
| AETOSOMT | T O M A T O E S |
| EVAUL | V A L U E |
| OUY | Y O U |

## Taco 'Bout Word Search

## Solution

## Maze To Find Another Planet

97

## Solution

Unscramble the following words that rhyme with YOU and decode the message!

BOMAOB — B A M B O O

AUBBEQER — B A R B E Q U E

ANOEC — C A N O E

ELGU — G L U E

ERGW — G R E W

IOARHDO — H A I R D O O

OGNRAKAO — K A N G A R O O

OZOKA — K A Z O O

EOHS — S H O E

EVAUL — V A L U E

AYOOH — Y A H O O

Y O U   A R E   A M A Z I N G !
1  2  3   4  5  6   7  8  9  10 11 12 13 14

### Decode The Message

## Solution

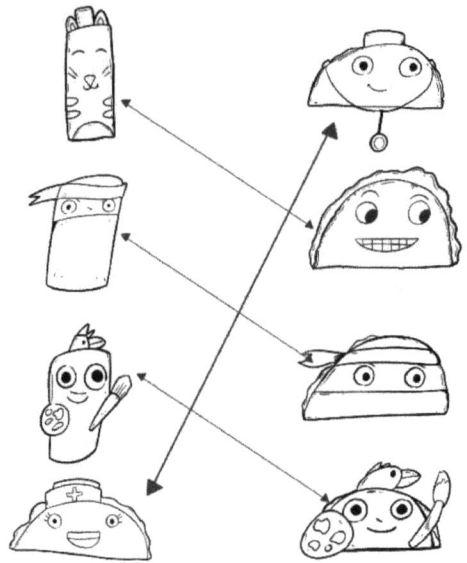

### Match Who Goes With Who

## Solution

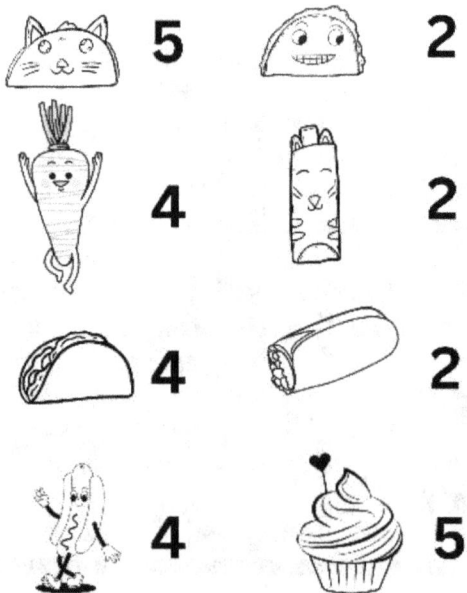

5   2
4   2
4   2
4   5

### How Many Of Each

## Solution

### Connect To You're A-Maze-Ing Self

98

# About The Authors

Danielle Bernock takes great delight in making others laugh and feel good about themselves. As an author, coach, and speaker, she does a lot of things. But what matters to her most is her faith, family, and connecting people to the LOVE that heals as #thatladyontheinternetwholovesyou.

Gideon Bernock loves drawing and all things cats. Little did he know that one day, when sharing his drawings with his Mima, the idea for this book would be born. He's a gentle soul with a strong sense of self who loves encouraging others.